Made in the USA
Las Vegas, NV
03 October 2024

96128596R00066